Reisespiele Beschäftigungsbuch für Kinder 4-6J

Für Autofahrten und Flugreisen

4 GEWINNT

LABYRINTHE

TIC TAC TO

W0378956

RÄTSEL

KRA
FAKTEN

Reisebeseschäftigung

Buchinhalt

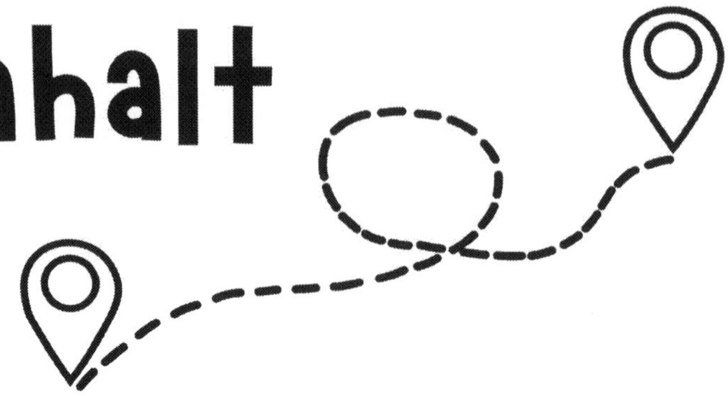

6. Krasse Fakten

7. Knifflige Nachdenkerätsel

8. Ausmalmotive

Labyrinth 1

Labyrinth2

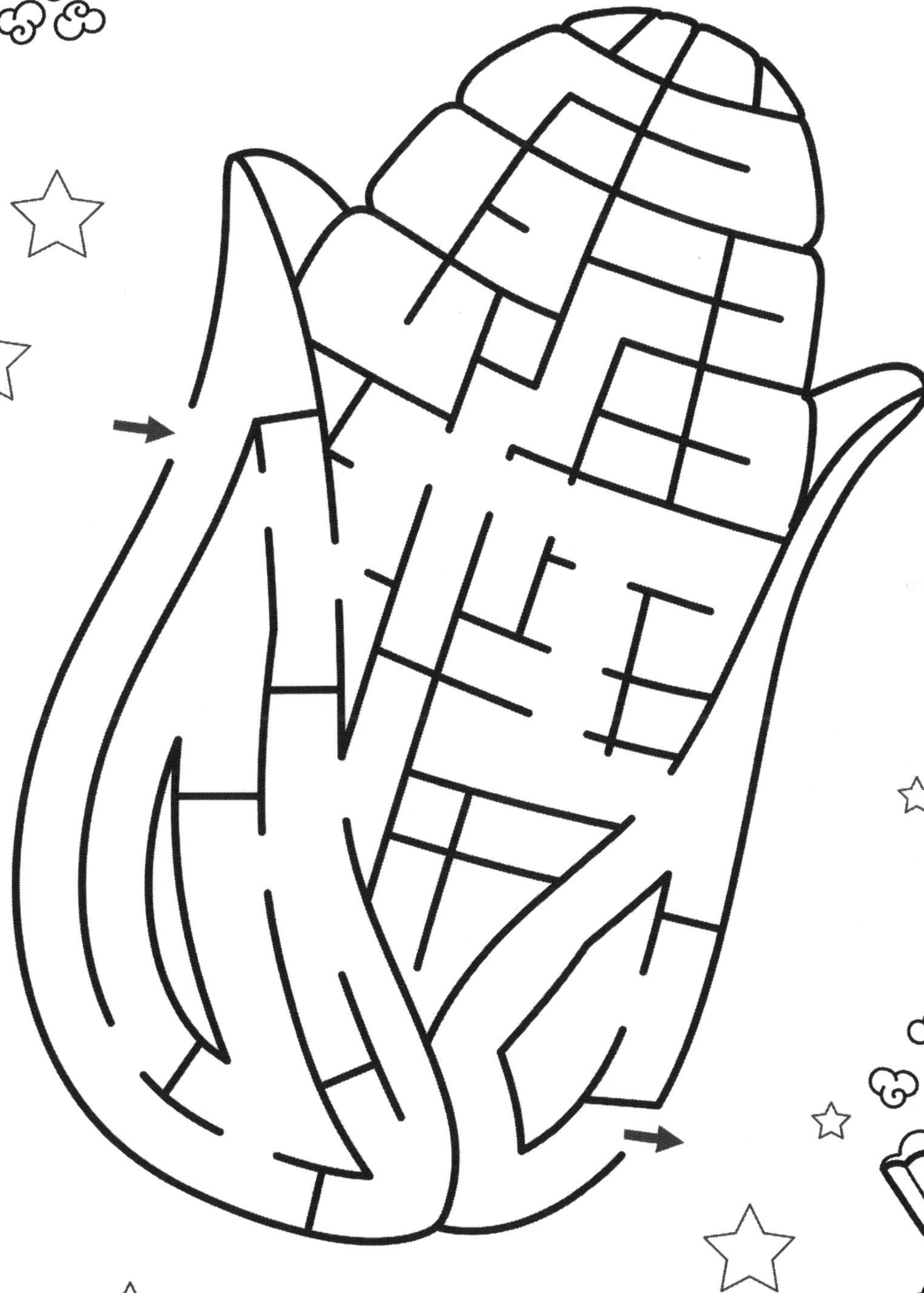

Labyrinth 3

Labyrinth 4

Labyrinth 5

Labyrinth 6

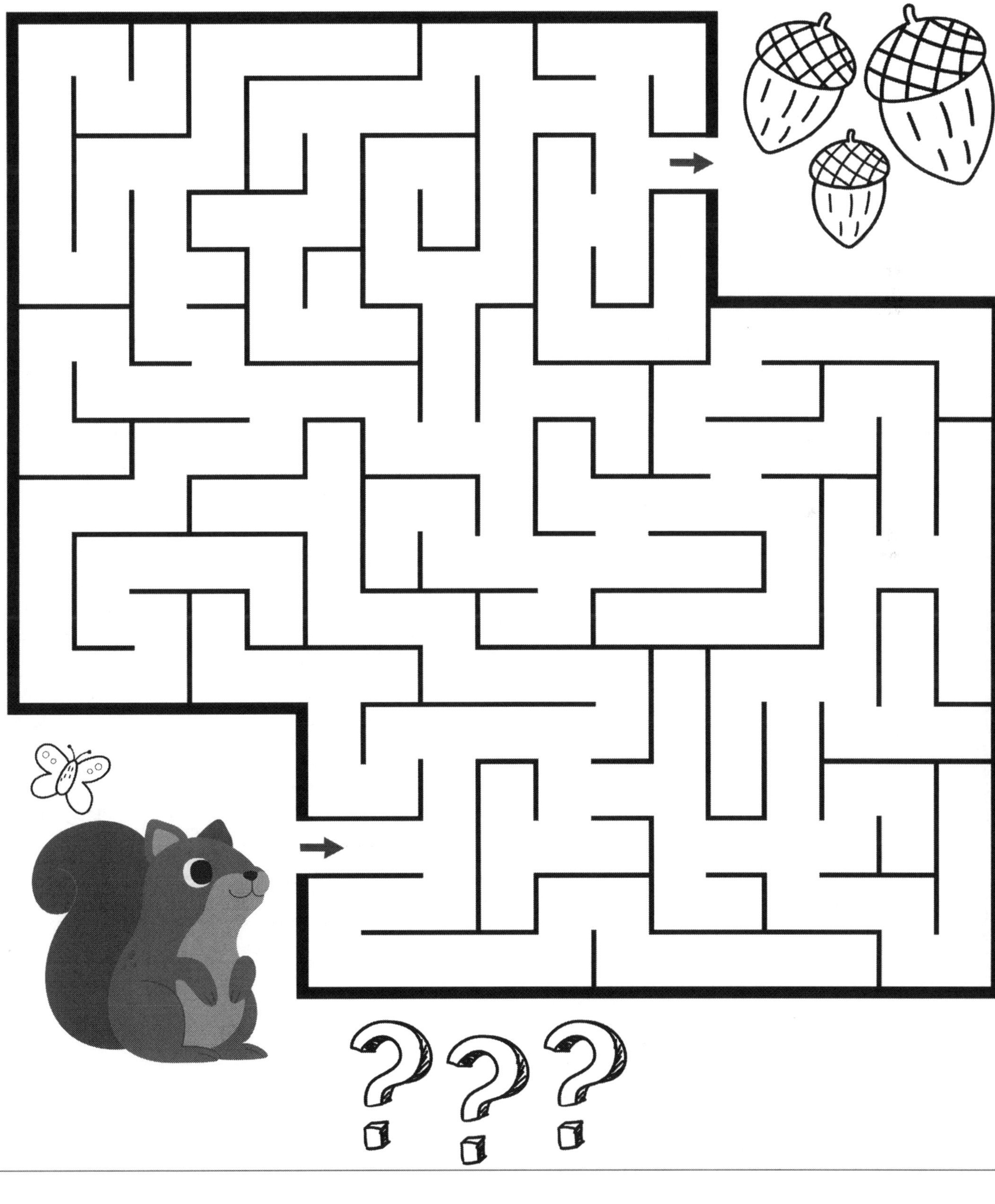

Labyrinth 7

Labyrinth 8

Labyrinth 9

Labyrinth 10

Labyrinth 11

Labyrinth 12

Labyrinth 13

Labyrinth 14

Labyrinth 15

Labyrinth 16

Labyrinth 17

Labyrinth 18

Labyrinth 19

Labyrinth 20

Labyrinth 21

Würdest du lieber ...?

Würdest du lieber zeitreisen können oder unsichtbar sein?

Würdest du lieber auf einem Löwen reiten oder auf einem Krokodil?

Würdest du lieber ein Superheld sein oder ein berühmter Rennfahrer?

Würdest du lieber in einer Villa oder auf einer einsamen Insel leben?

Würdest du lieber ...?

Würdest du lieber eine Woche lang ohne Tablet oder eine Woche lang ohne Zähneputzen auskommen?

Würdest du lieber mit Schlangen sprechen können oder mit Ameisen ?

Würdest du lieber mit Delfinen schwimmen oder Einhörner füttern?

Würdest du lieber am besten sehen können oder am besten hören können?

Würdest du lieber ...?

Würdest du lieber im Dschungel leben oder auf einem hohen Berg?

Würdest der beste Kletterer sein oder der beste Schwimmer?

Würdest du lieber mit Tieren sprechen können oder unter Wasser atmen können?

Würdest der stärkste oder schnellste Mensch der Welt sein?

Würdest du lieber ...?

Würdest du lieber in einem Vulkan oder auf dem Meeresgrund wohnen wollen?

Würdest du lieber die Fähigkeit haben, Gedanken anderer Menschen lesen zu können oder schlau wie Einstein zu sein?

Würdest du lieber einmal nach Disneyland oder 5 mal im Jahr in den Urlaub fahren ?

Würdest du lieber in einem Kinderbuch deiner Wahl leben oder in der realen Welt bleiben?

Würdest du lieber ...?

Würdest du lieber Astronaut sein oder Feuerwehrmann?

Würdest du lieber später ins Bett gehen oder länger schlafen dürfen?

Würdest du lieber ein professioneller Maler oder ein Meister der Gitarre sein?

Würdest du lieber die Fähigkeit haben, in die Zukunft zu sehen oder die Vergangenheit zu reisen?

Würdest du lieber ...?

Würdest du lieber mit einem Hai schwimmen oder mit einem Dinosaurier kämpfen

Würdest du lieber Superkräfte haben oder 1 Wunsch frei haben?

Würdest du lieber auf einem magischen Einhorn fliegen können oder unter Wasser atmen können?

Würdest du lieber einen Hund haben oder eine Katze?

4 Gewinnt

gegen

4 Gewinnt

gegen

4 Gewinnt

gegen

4 Gewinnt

gegen

4 Gewinnt

○ gegen ●

4 Gewinnt

○ gegen ●

4 Gewinnt

○ gegen ●

4 Gewinnt

○ gegen ●

4 Gewinnt

gegen

4 Gewinnt

gegen

4 Gewinnt

gegen

4 Gewinnt

gegen

Tic-Tac-Toe
oder Drei gewinnt

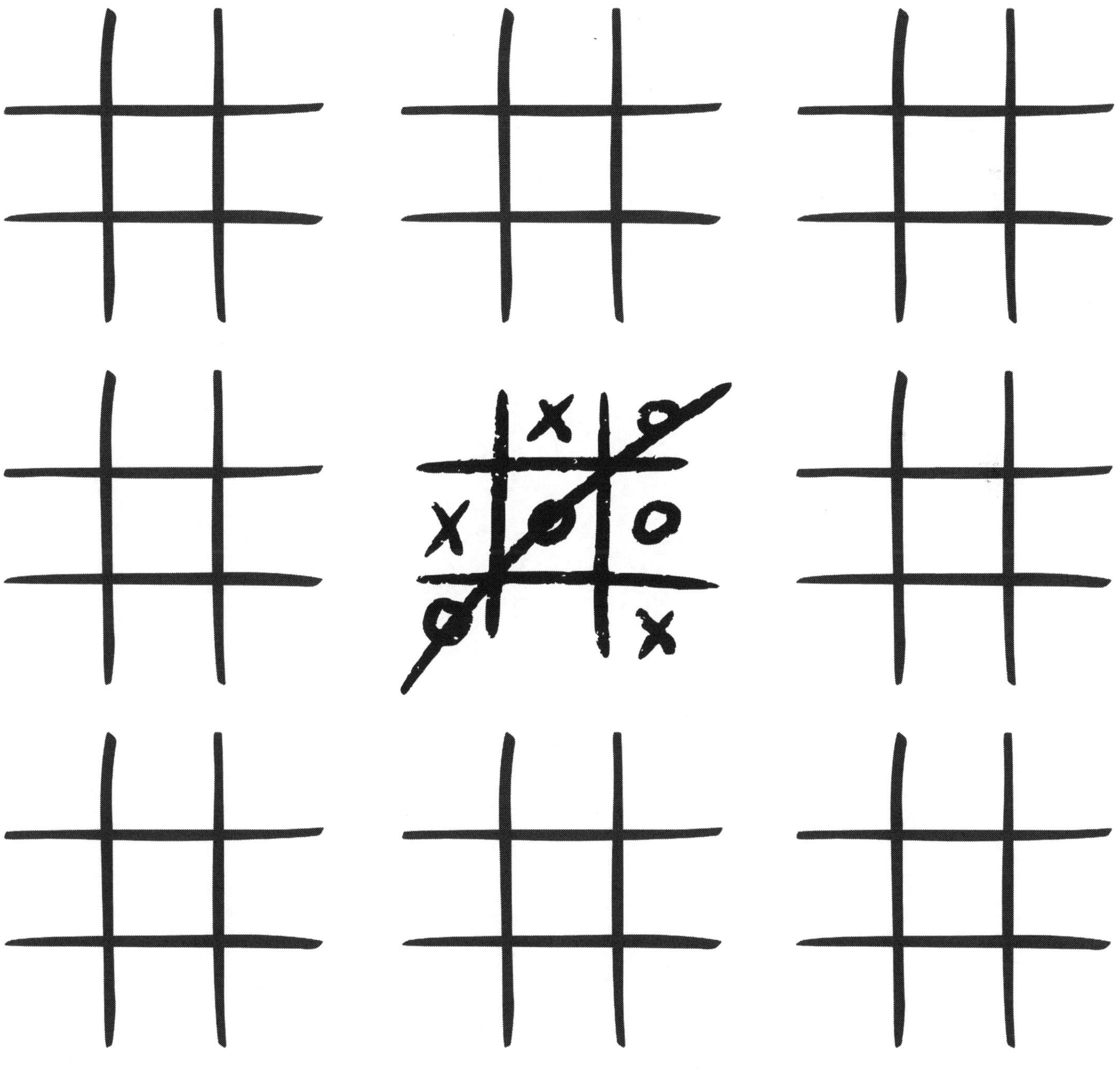

Tic-Tac-Toe
oder Drei gewinnt

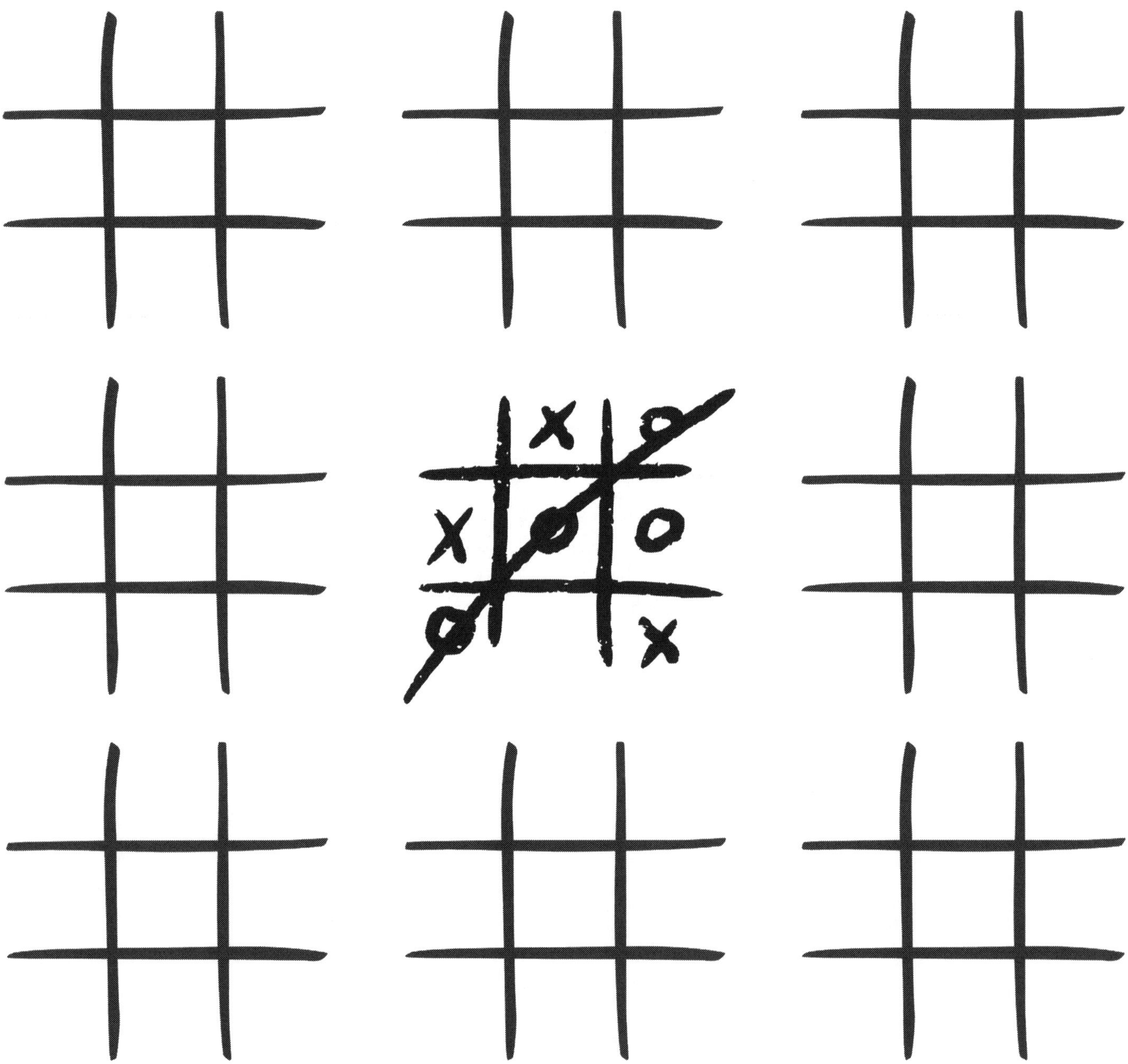

Tic-Tac-Toe oder Drei gewinnt

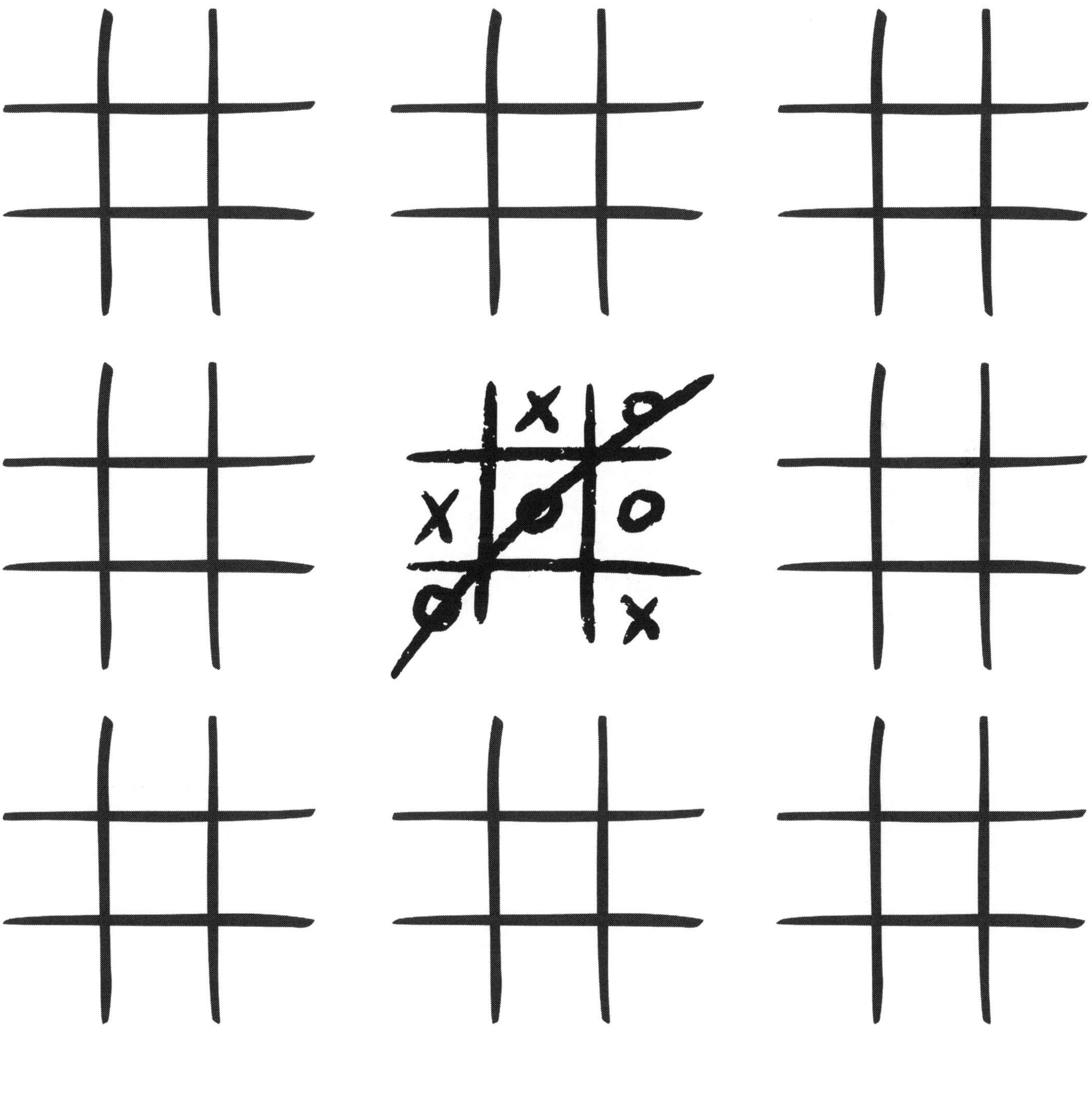

Tic-Tac-Toe
oder Drei gewinnt

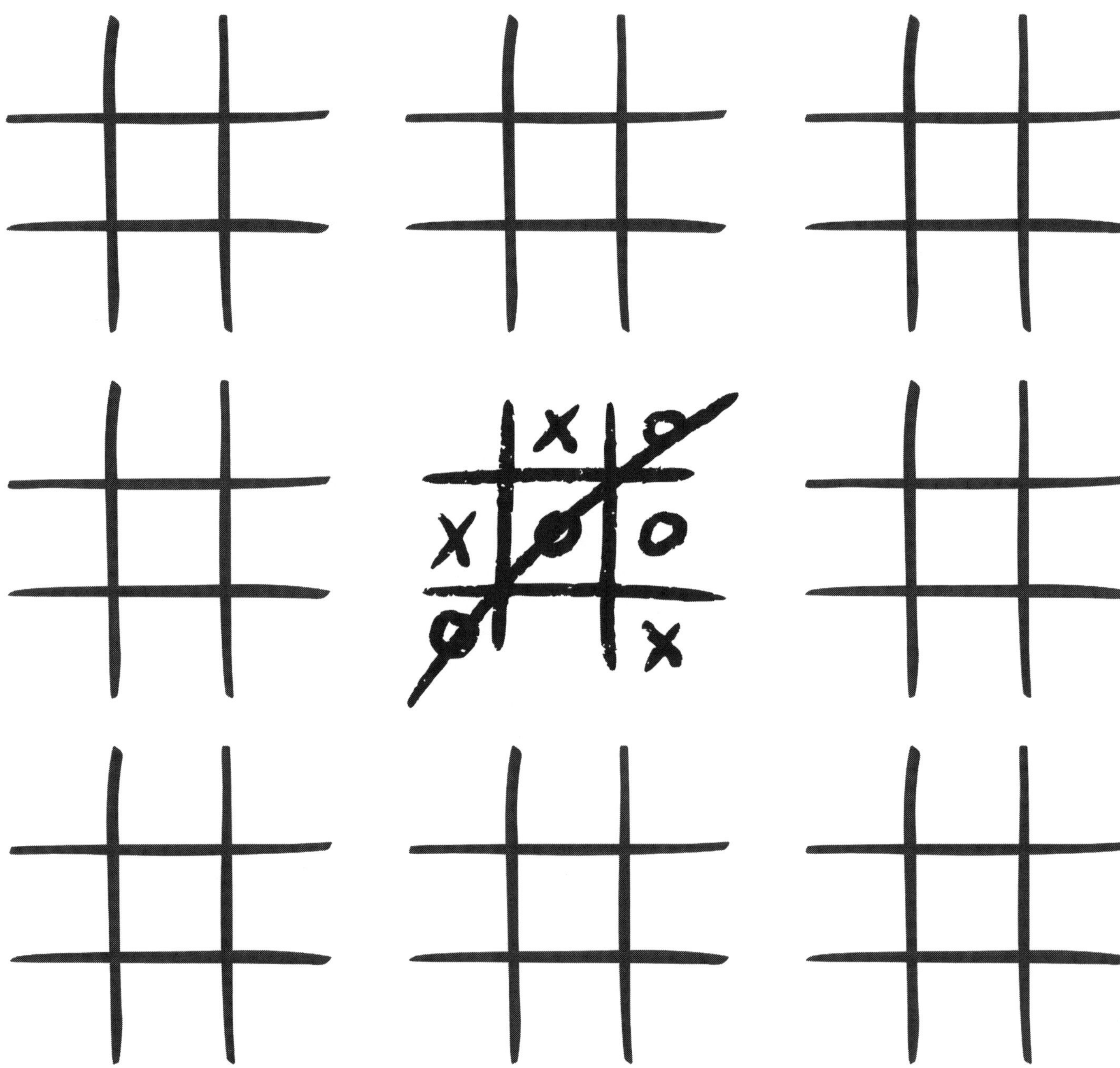

Tic-Tac-Toe oder Drei gewinnt

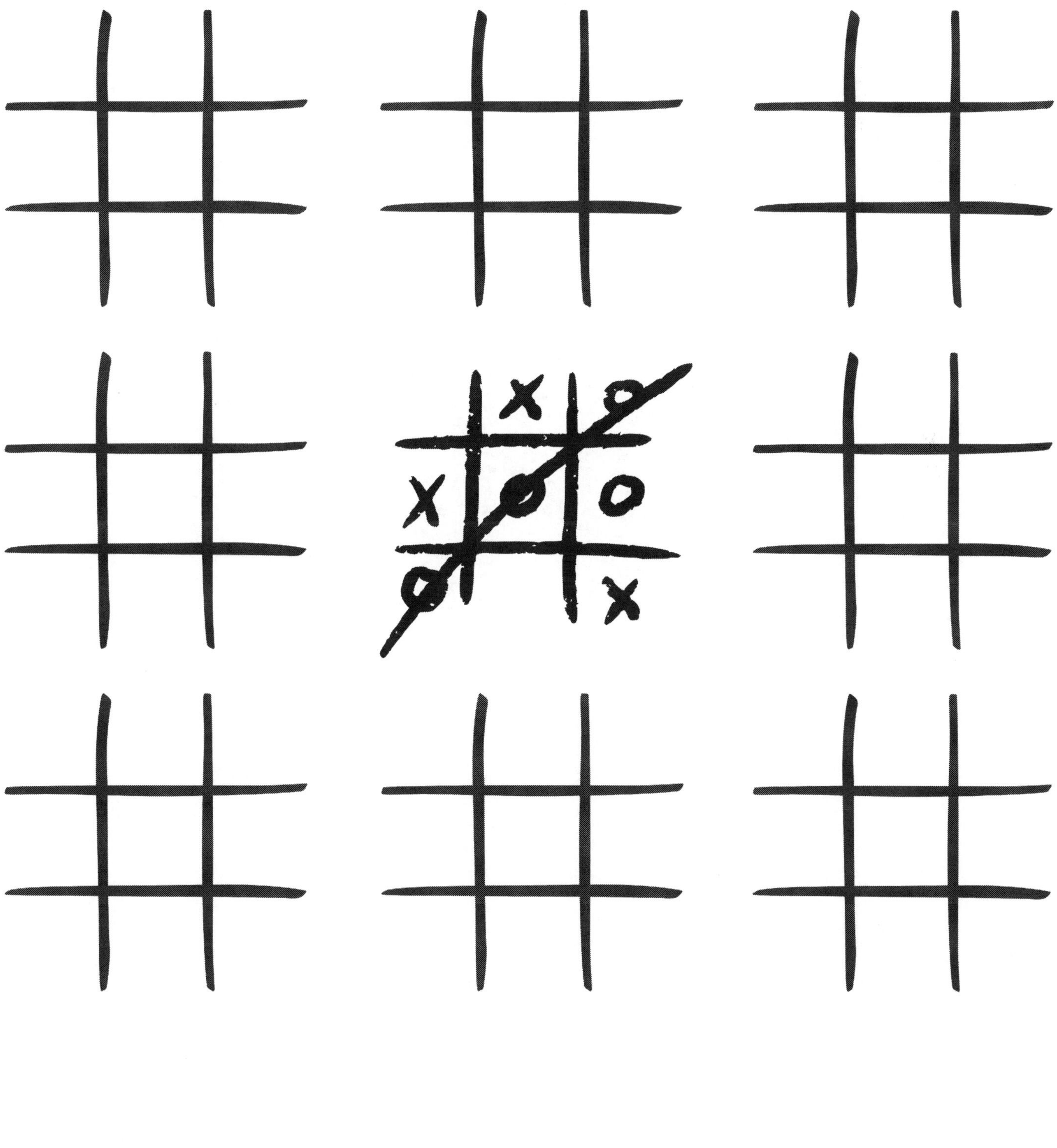

Tic-Tac-Toe oder Drei gewinnt

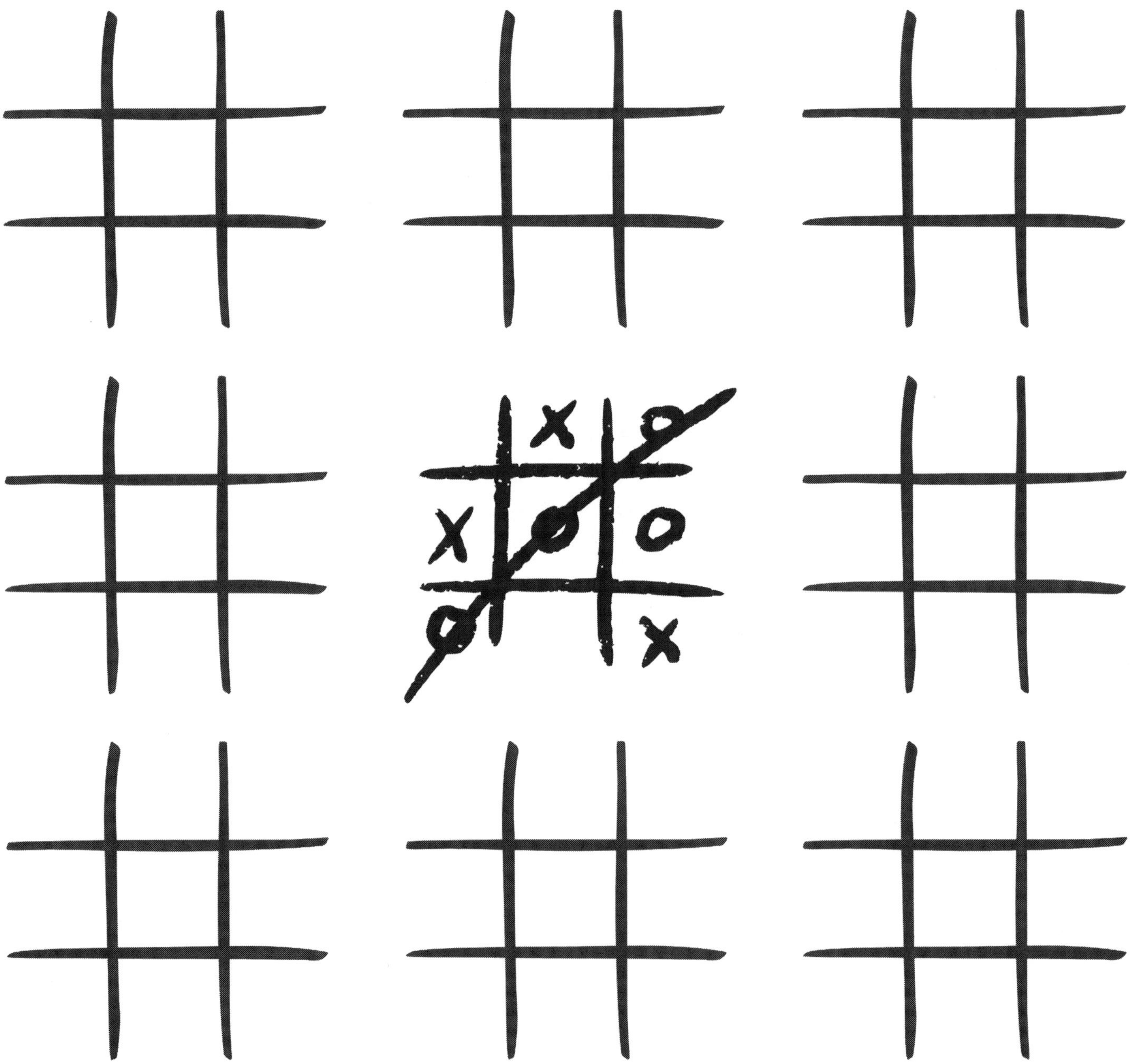

Tic-Tac-Toe oder Drei gewinnt

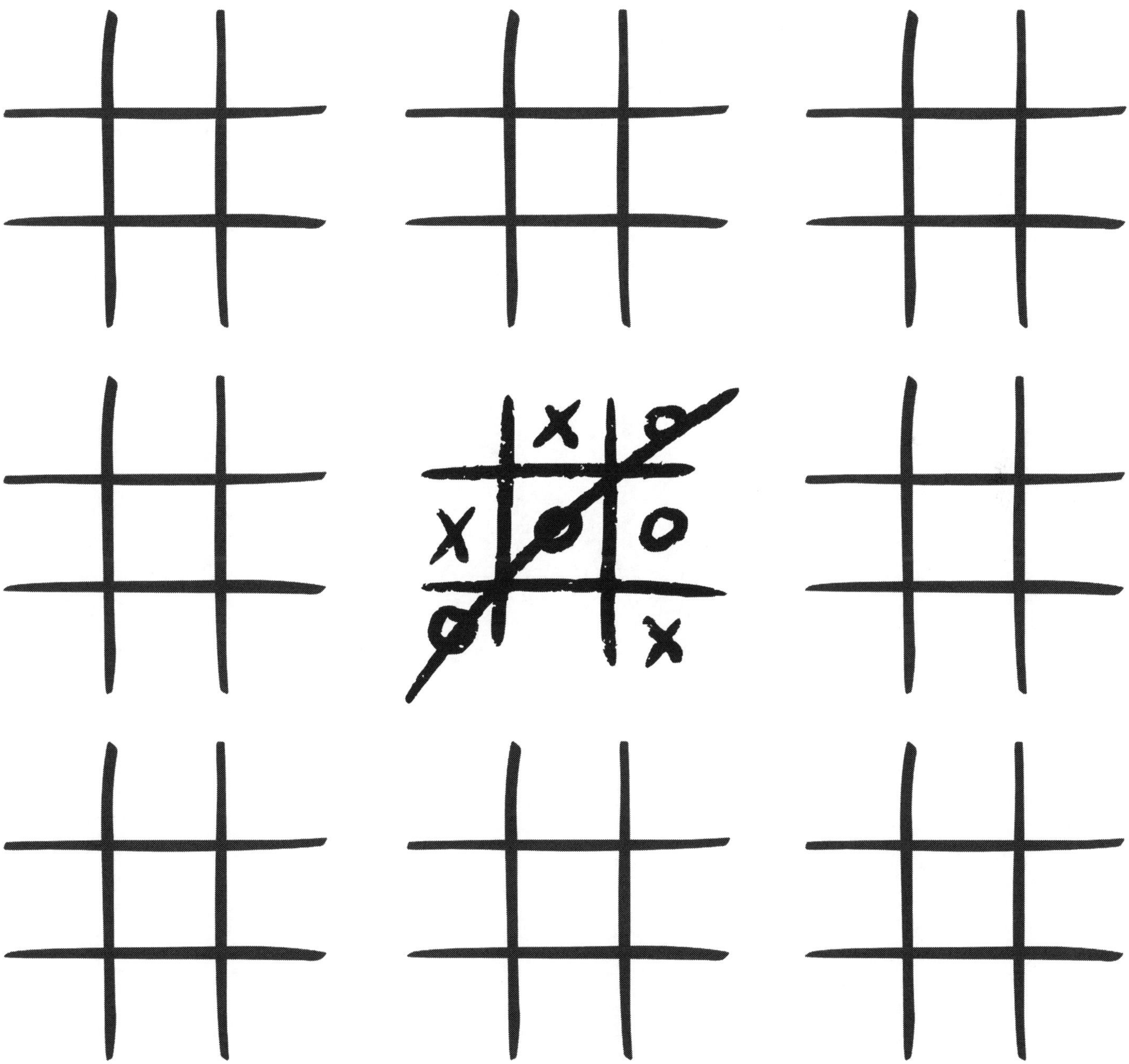

Tic-Tac-Toe oder Drei gewinnt

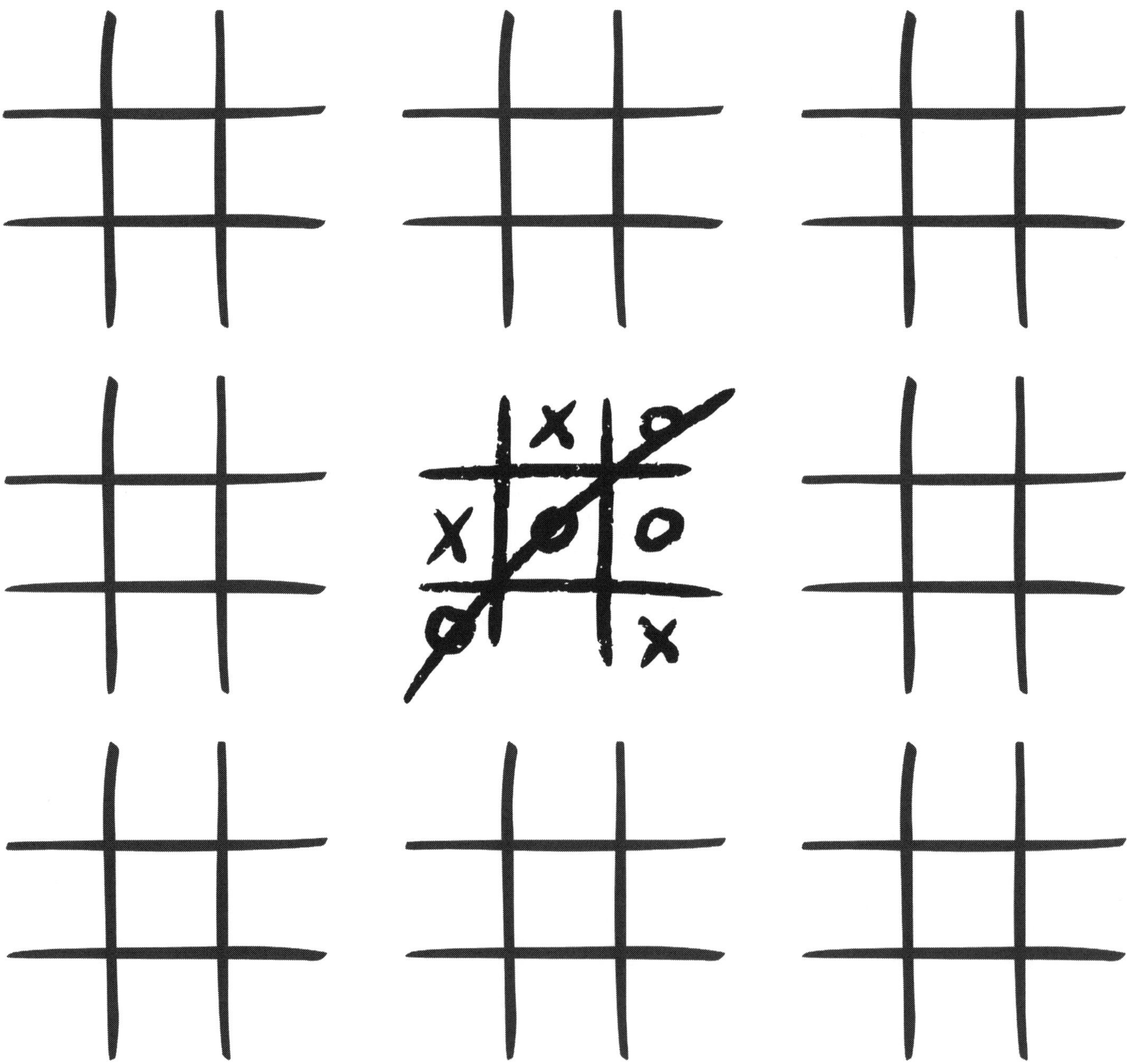

Tic-Tac-Toe oder Drei gewinnt

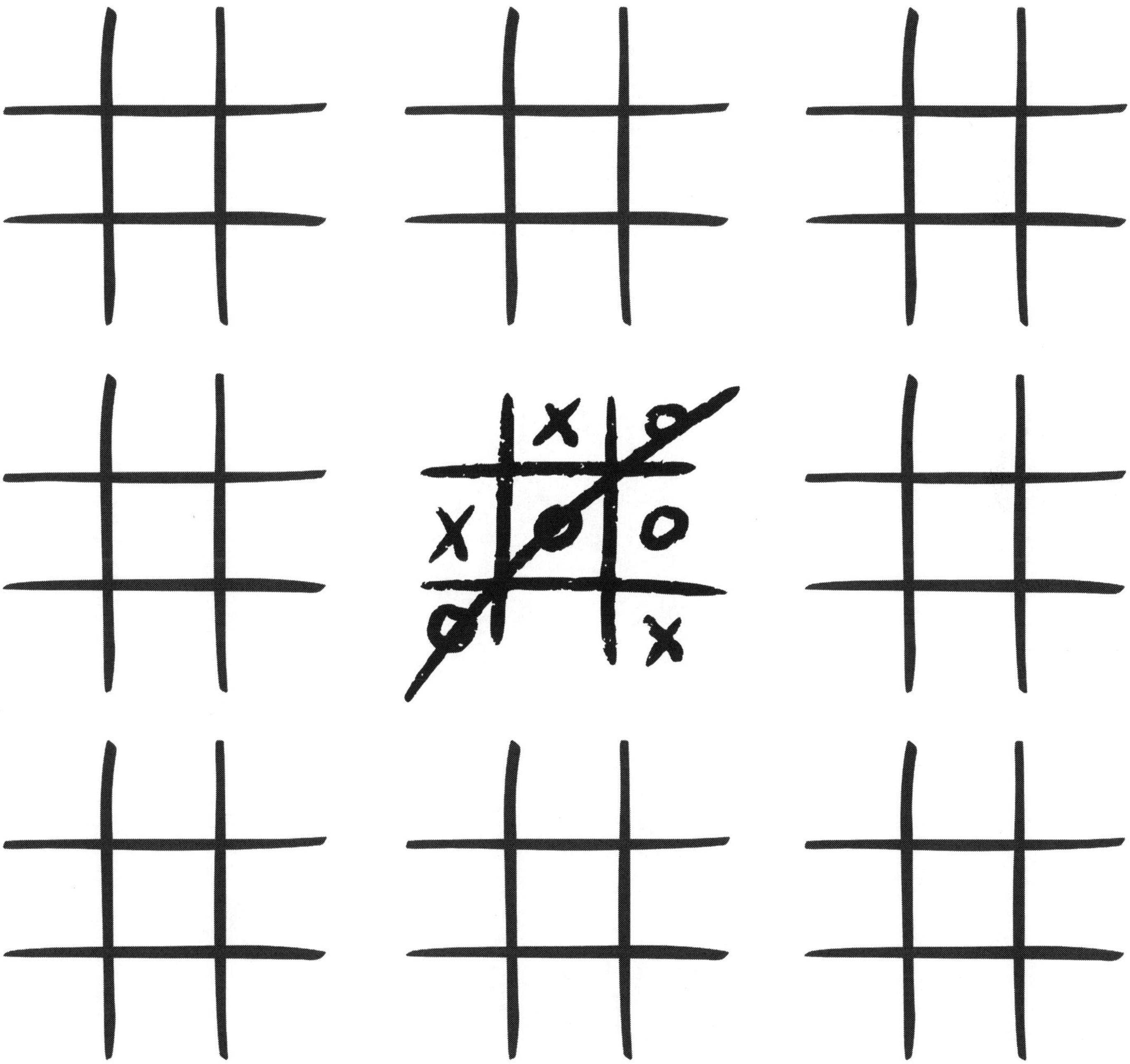

Tic-Tac-Toe
oder Drei gewinnt

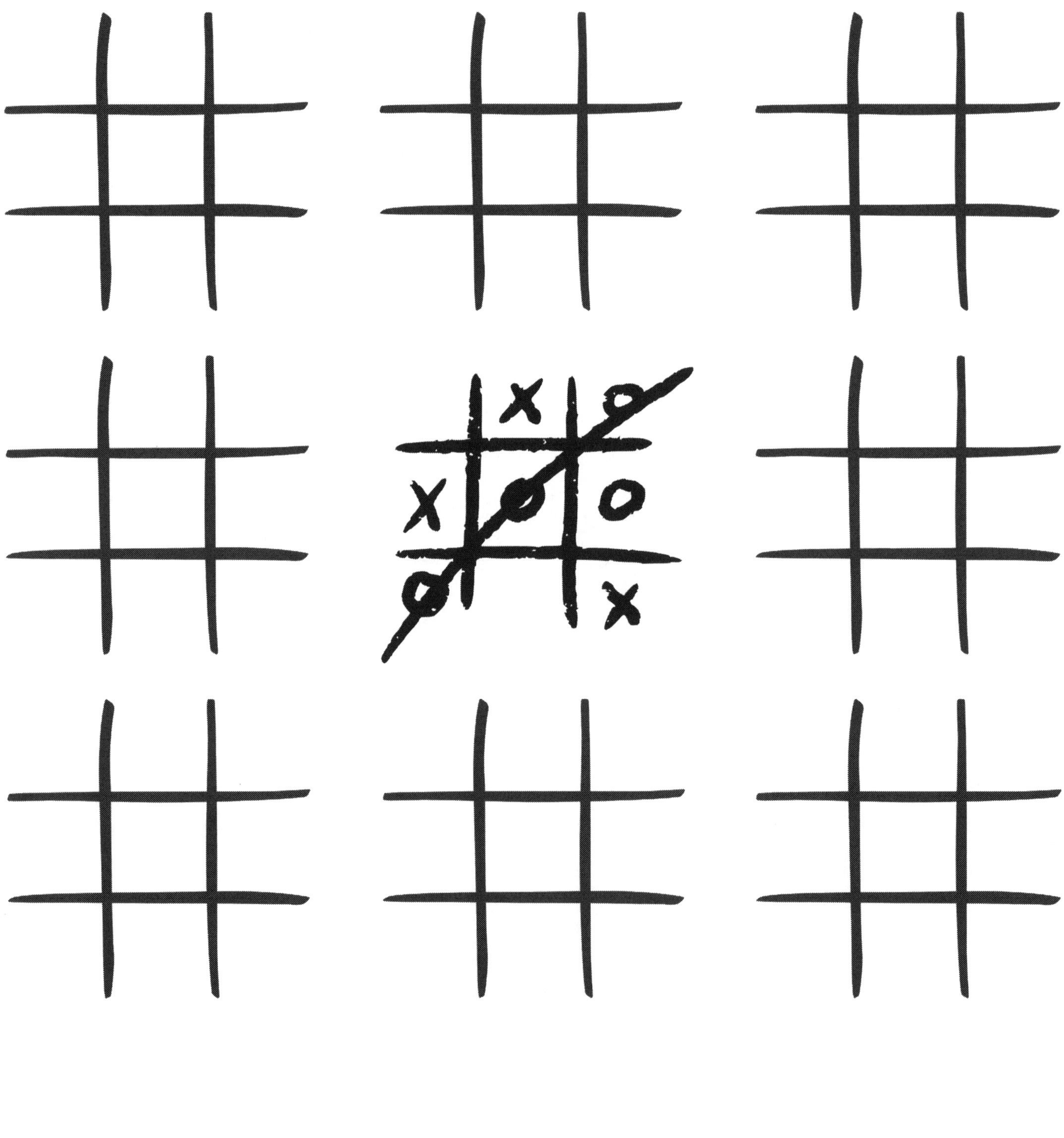

Tic-Tac-Toe
oder Drei gewinnt

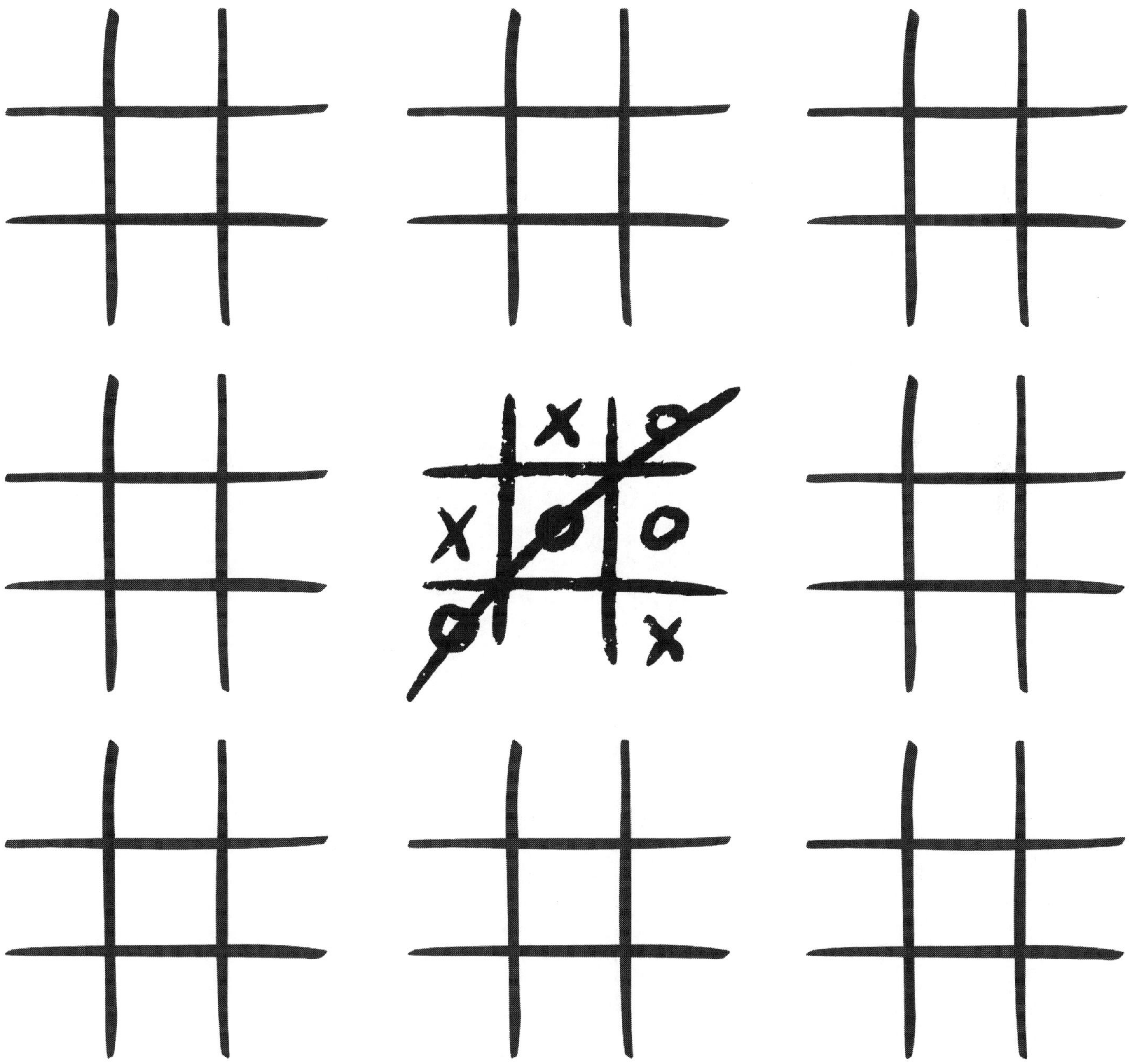

Tic-Tac-Toe oder Drei gewinnt

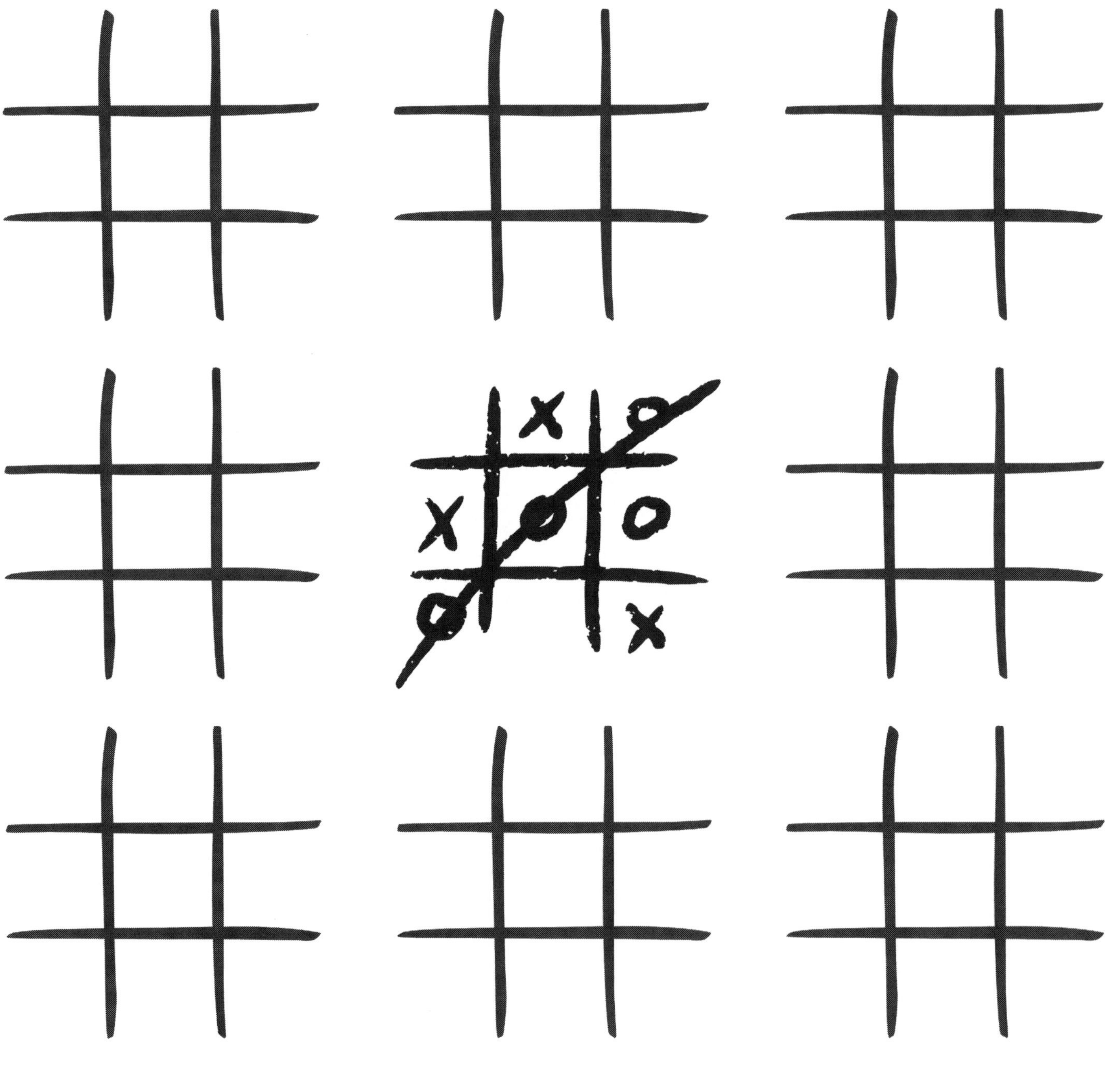

Tic-Tac-Toe
oder Drei gewinnt

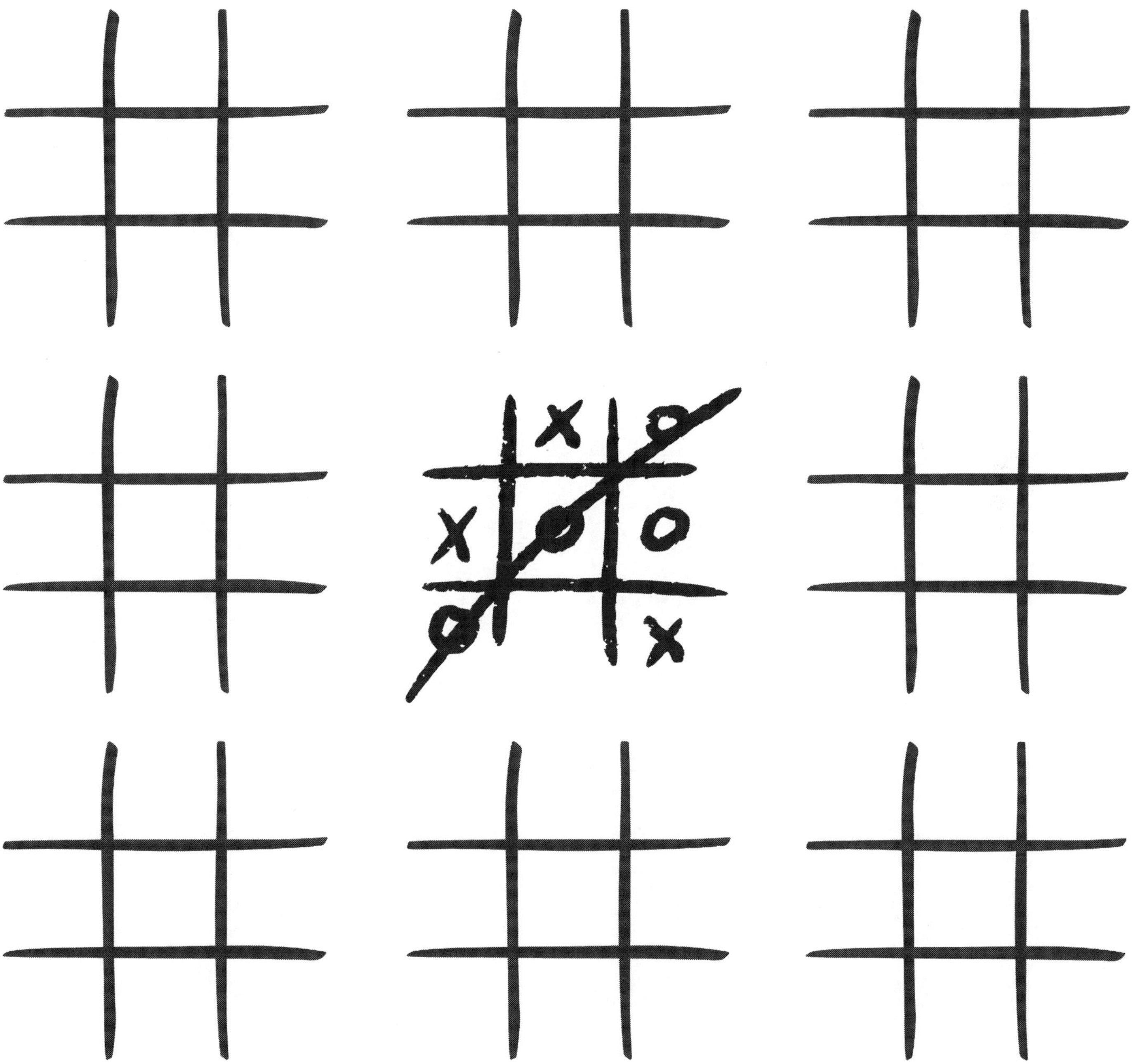

Schule Witze

Schüler: "Warum bekommen wir eigentlich immer Hausaufgaben auf?"
Lehrer: "Damit ihr zu Hause auch etwas zu meckern habt!"

Lehrer: "Was ist das Gegenteil von Spaß?"
Schüler: "Schule!"

Können Lehrer schwimmen?
Einerseits ja – sie sind ja hohl.
Andererseits nein – denn sie sind nicht ganz dicht!

Der Lehrer schimpft: "Ich hoffe, dass ich dich nicht noch einmal beim Abschreiben erwische!"
"Das hoffe ich auch ..."

Fritzchen Witze

Fragt die Tante beim Kaffeetisch: "Hilfst du auch immer schön deiner Mutter?"
Sagt Fritzchen: "Natürlich, ich muss immer die Silberlöffel zählen, wenn du gegangen bist!"

Fritz ist bei seiner Oma. Er mag die Suppe nicht ...
Die Oma: "Iss jetzt, sonst hole ich den bösen Wolf!"
Fritz: "Der frisst die auch nicht!"

Fritzchen erklärt seiner Deutschlehrerin: "Ich weiß jetzt, warum es Muttersprache heißt, Papa kommt ja nie zu Wort."

Chemielehrer: "Was ist flüssiger als Wasser?"
Fritzchen: "Hausaufgaben, die sind überflüssig!"

Vater: "Fritzchen, zünde doch bitte den Weihnachtsbaum an!"
Nach einer Weile fragt Fritzchen: "Papa, die Kerzen auch?"

Tier Witze

Was macht ein Schaf, wenn es Musik hört?

Es bockt ab!

Warum haben Giraffen so einen langen Hals?

Weil der Kopf so weit weg ist!

Was sagt eine Schnecke, die auf einer Schildkröte reitet?

"Juhuu, ich mach' eine Panzerfahrt!"

Was macht ein Löwe im Kino?

Er brüllt vor Lachen!

Wortspiel Witze

Wer mit beiden Beinen auf dem Boden steht kommt nicht vorwärts.

Wer nie vom Weg abkommt, bleibt auf der Strecke!

Mancher fasst sich an den Kopf und greift ins Leere.

Was macht ein Pferd in einer Bar? Ein langes Gesicht.

Wie nennt man ein helles Mammut? Hellmut.

Wie nennt man das Lieblingsessen von Models? Laufsteak.

Essen Witze

Was macht eine Orange, wenn sie Witze erzählt?
Sie schält sich vor Lachen!

”Mami, mami, alle in der Schule sagen immer, dass ich so große Füße habe” ”Ach was, stell deine Schuhe in die Garage und komm zum Essen.”

”Verlangt dein Vater von dir das du vor dem Essen betest?”, erkundigt sich der Pfarrer. ”Nö”, schüttelt Karl den Kopf ”Meine Mutter kocht eigentlich recht gut.”

Alle Kinder kauen ihr Essen, nur nicht Jürgen, der tut würgen.

Berufe Witze

Warum brauchen Polizisten eine Schere? Damit sie Einbrechern den Weg abschneiden können.

Kommt ein Kunde in eine Bäckerei und fragt: „Hallo, kann ich hier ein Brötchen mit Käse kaufen?" Sagt der Verkäufer: „Nein, nur mit Bargeld oder Kreditkarte."

Sagt der Zahnarzt zur Patientin: „Sie brauchen eine Krone." Antwortet die Patientin: „Endlich versteht mich jemand!"

Zu welchem Arzt geht Pinocchio? Zum Holz-Nasen-Ohren Arzt!

Reise Witze

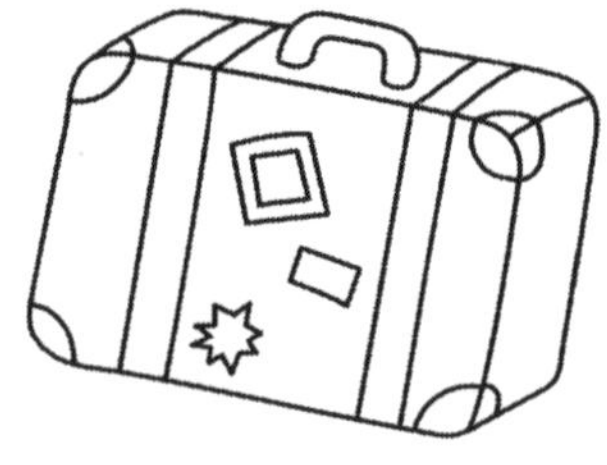

Auf einer Safari begegnet den Urlaubern ein Tiger. Ängstlich fragt einer den Reiseleiter: „Ist der denn nicht gefährlich?" – „Nein, keine Sorge, der ist satt!" – „Woher wissen Sie denn das?" – „Weil Herr Schmidtke fehlt!"

„Mein Teller ist ganz feucht„ beschwerte sich der Reisende im Luxushotel. „Sei doch ruhig", flüsterte seine Frau, „das ist doch schon die Suppe!"

Am Strand fragt eine ängstliche Urlauberin: "Gibt es hier giftige Quallen oder Seeigel?" "Aber nein, die Haie haben die längst verspeist!"

"Wie fandet ihr denn die Berge?" "Wir fuhren die Straße immer geradeaus und da waren sie dann plötzlich!"

Mama Witze

Fritzchen ruft in die Küche: "Mama, bring mir mal ein Eis!"
Mama: "Du hast das Zauberwort mit den zwei 't' vergessen!"
Fritzchen: "Flott!"

"Warum liegt wieder alles auf dem Boden?"
"Schwerkraft Mama!"

"Mami, Mami, warum ist der Gurkensalat so stachelig?"
"Weil Kakteen im Moment so billig sind."

Die Mutter zu ihren Sohn: "Bin ich dir eigentlich eine gute Mutter, Paul?"
Sohn: "Ich heiße Klaus ..."

Papa Witze

Ein Papa resümiert: "Ich weiß jetzt, warum Weihnachten in meiner Kindheit so schön war. Ich musste die Geschenke nicht bezahlen!"

Sohn: "Papa, wieso gibt es so wenig Frauenfußball?"
Papa: "Finde mal 11 Frauen, die das gleiche anziehen wollen!"

Sohn: "Papa weißt du welcher Zug am meisten Verspätung hat?"
Vater: "Nein."
Sohn: "Den, den du mir letztes Jahr zu Weihnachten schenken wolltest!"

Sohn :Papa weißt du was ich nicht verstehe?
Vater :Nein was den .
Sohn :Japanisch!

Krasse Fakten Europa

Europa ist der 2. kleinste Kontinent der Welt, aber er beherbergt mehr als 700 Millionen Menschen.

Der längste Fluss Europas ist die Wolga, die sich durch Russland erstreckt und eine Länge von etwa 3.530 Kilometern hat.

Europa hat eine große Vielfalt an Sprachen. Es werden über 200 verschiedene Sprachen gesprochen.

Der höchste Berg Europas ist der Mont Blanc, der sich in den Alpen an der Grenze zwischen Frankreich und Italien befindet und eine Höhe von etwa 4.810 Metern hat.

Europa ist für seine vielen historischen Schlösser und Burgen bekannt. Ein berühmtes Beispiel ist das Schloss Neuschwanstein in Deutschland.

Krasse Fakten Europa

Der Eiffelturm in Paris, Frankreich, ist eines der bekanntesten Wahrzeichen Europas. Er wurde im Jahr 1889 erbaut und ist 324m hoch.

Der längste Tunnel Europas ist der Gotthard-Basistunnel in der Schweiz. Er ist ungefähr 57 Kilometer lang und wurde im Jahr 2016 eröffnet.

Europa ist Heimat einiger der bekanntesten Künstler und Musiker der Welt, wie Leonardo da Vinci, Ludwig van Beethoven und Wolfgang Amadeus Mozart.

Der Vatikanstadtstaat, der kleinste unabhängige Staat der Welt, liegt innerhalb von Rom, Italien. Mit einer Fläche von nur 0,44 Quadratkilometern

Der längste Strand Europas ist der Praia da Marinha in Portugal. Er erstreckt sich über 6 Kilometer und ist bekannt für seine beeindruckenden Felsformationen.

Krasse Fakten Europa

Der längste Brückenkomplex Europas ist die Vasco-da-Gama-Brücke in Lissabon, Portugal. Sie ist rund 17 Kilometer lang und führt über den Fluss Tejo.

Das Kolosseum in Rom, Italien, ist das größte antike Amphitheater der Welt. Es wurde vor über 2.000 Jahren erbaut und konnte bis zu 50.000 Zuschauer aufnehmen.

Europa beheimatet einige der ältesten Universitäten der Welt. Die Universität von Bologna in Italien wurde bereits im Jahr 1088 gegründet.

Die größte Insel Europas ist die Inselwelt von Archipelago in Schweden. Sie besteht aus über 30.000 Inseln!

Der älteste Zoo der Welt, der Tiergarten Schönbrunn, befindet sich in Wien, Österreich. Er wurde im Jahr 1752 eröffnet und ist heute ein beliebtes Ausflugsziel für Familien.

Krasse Fakten Deutschland

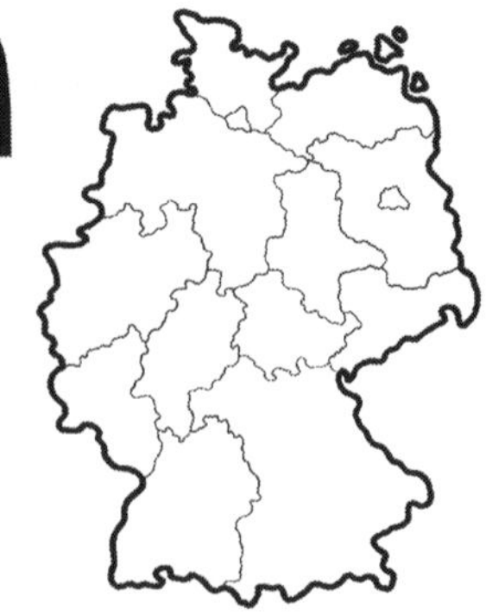

Deutschland hat die meisten Spielzeughersteller der Welt. Viele bekannte Spielzeugmarken wie Playmobil, LEGO und Steiff kommen aus Deutschland.

Die längste Rutsche der Welt befindet sich in Deutschland. Sie heißt "Turbine" und ist über 200 Meter lang. Ein riesiger Spaß für Kinder!

Deutschland hat auch die meisten Zoos weltweit. Über 400 Zoos und Tierparks bieten eine Vielzahl von Tieren zum Entdecken und Bestaunen.

Die erste gedruckte Bibel wurde in Deutschland gedruckt. Johannes Gutenberg erfand dort im 15. Jahrhundert den Buchdruck mit beweglichen Buchstaben.

Der Schwarzwald in Deutschland ist eine der meistbesuchten Waldregionen der Welt. Dort kann man nicht nur wandern, sondern auch viele spannende Märchen und Sagen entdecken.

Krasse Fakten Deutschland

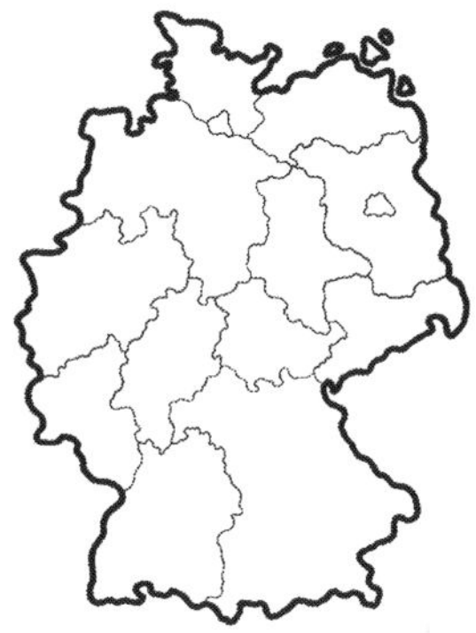

Die deutsche Sprache hat das längste Wort der Welt: "Rindfleischetikettierungsüberwachungsaufgabenüber tragungsgesetz". Das ist wirklich ein Zungenbrecher!

Der älteste Vergnügungspark der Welt, der "Prater", befindet sich in Deutschland. Er wurde im Jahr 1530 eröffnet und bietet viele aufregende Fahrgeschäfte und Attraktionen.

Deutschland hat auch die meisten Weihnachtsmärkte weltweit. Zur Weihnachtszeit verwandeln sich viele Städte in magische Märkte mit Lichtern, Leckereien und handgefertigten Geschenken.

Das Oktoberfest in München ist das größte Volksfest der Welt.

Deutschland hat die höchste Anzahl an Fußballvereinen weltweit. Es gibt über 25.000 registrierte Vereine, in denen Millionen von Kindern und Erwachsenen Fußball spielen.

Krasse Fakten Deutschland

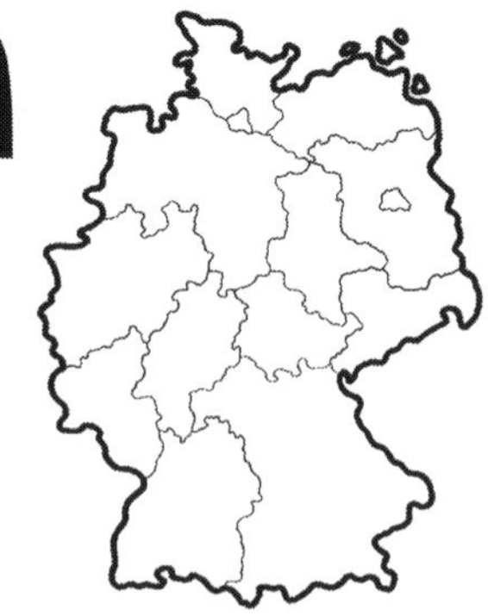

Deutschland ist das Land der Märchen. Die Gebrüder Grimm, die aus Deutschland stammen, haben viele bekannte Märchen wie "Schneewittchen" und "Hänsel und Gretel" geschrieben.

Der höchste Berg Deutschlands ist die Zugspitze. Sie befindet sich in den Alpen und ist 2.962 Meter hoch. Von dort aus hat man eine atemberaubende Aussicht.

Der Kölner Dom in Köln ist eine der größten Kathedralen der Welt. Seine Bauzeit erstreckte sich über mehrere Jahrhunderte, und seine imposante Architektur ist faszinierend.

Das Brandenburger Tor in Berlin ist ein bekanntes Wahrzeichen Deutschlands. Es war einst ein Symbol der Teilung des Landes und steht heute für Einheit und Freiheit.

Der längste Fluss in Deutschland ist die Donau. Sie erstreckt sich über eine Länge von etwa 2.850 Kilometern.

Krasse Fakten Urlaubsziele

Der Bora Bora Beach in Französisch-Polynesien gilt als einer der schönsten Strände der Welt, mit türkisfarbenem Wasser und weißen Sandstränden.

Das Great Barrier Reef vor der Küste Australiens ist das größte Korallenriff der Welt und ein Paradies für Schnorchler und Taucher.

Die Serengeti in Tansania ist bekannt für ihre spektakuläre Tiermigration, bei der Millionen von Tieren jedes Jahr auf der Suche nach Nahrung und Wasser wandern.

Der Yellowstone-Nationalpark in den USA ist der älteste Nationalpark der Welt und beherbergt eine Vielzahl von Wildtieren wie Bären, Elche und Wölfe.

Die chinesische Mauer erstreckt sich über eine Länge von mehr als 21.000 Kilometern und ist das größte von Menschenhand geschaffene Bauwerk der Welt.

Krasse Fakten Urlaubsziele

Die Pyramiden von Gizeh in Ägypten sind mehr als 4.500 Jahre alt und gehören zu den bekanntesten archäologischen Stätten der Welt.

Die Galapagosinseln vor der Küste Ecuadors sind bekannt für ihre einzigartige Tierwelt, darunter Riesenschildkröten und Meerechsen.

Die Iguazú-Wasserfälle an der Grenze zwischen Argentinien und Brasilien sind eine der beeindruckendsten Naturattraktionen der Welt, mit über 275 Wasserfällen.

Die Stadt Venedig in Italien besteht aus 118 Inseln und ist für ihre Kanäle, Gondeln und historischen Gebäude bekannt.

Die Namib-Wüste in Namibia ist eine der ältesten Wüsten der Welt und bietet atemberaubende Landschaften mit hohen Sanddünen und versteinerten Wäldern.

Krasse Fakten Urlaubsziele

Die Inka-Stadt Machu Picchu in Peru ist eine der bekanntesten archäologischen Stätten der Welt und zieht jährlich Tausende von Besuchern an.

Die Trolltunga in Norwegen ist ein spektakulärer Felsvorsprung, der sich 700 Meter über dem See Ringedalsvatnet erhebt und einen atemberaubenden Ausblick bietet.

Die Transsibirische Eisenbahn ist die längste durchgehende Eisenbahnstrecke der Welt und erstreckt sich über 9.289 Kilometer von Moskau bis nach Wladiwostok in Russland.

Die Sahara-Wüste in Nordafrika ist die größte heiße Wüste der Welt und bietet endlose Sanddünen, Oasen und eine einzigartige Wüstenlandschaft.

Das Amazonas-Regenwaldgebiet erstreckt sich über mehrere südamerikanische Länder und ist der größte tropische Regenwald der Welt.

Knifflige Nachdenkerätsel

Ich habe immer 2 Löffel bei mir. Ich esse aber nie damit. Wer bin ich?

Ein Hase

Ich gehe draußen spazieren bin aber doch in meinem Haus. Wer bin ich?

Eine Schnecke

Ich habe 2 Flügel, kann aber nicht fliegen. Ich habe einen Rücken, jedoch kann ich nicht liegen Was bin ich?

Deine Nase

Kniffige Nachdenkerätsel

Manchmal kann man mich hören aber nicht sehen. Manchmal kann man mich sehen aber nicht hören. Wer bin ich?

Ein Windsturm

Welcher Baum dreht sich im Kreis?

Der Purzelbaum

Welcher Schuh hat keine Sohle?

Der Handschuh

In welchen Zug passt nur eine Person?

In den Anzug

Knifflige Nachdenkerätsel

Ich bin gelb und krumm und man kan mich essen. Was bin ich

Eine Banane

Was ist schwerer, ein Kilo Federn oder ein Kilo Erdbeeren

Beides ist gleich schwer

Ich komme und gehe jeweils einmal am Tag. Wer bin ich?

Die Sonne

Was hat Fenster und Türen, ist aber kein Haus?

Ein Auto

Motiv 1

Motiv 2

Motiv 3

Motiv 4

Motiv 5

Motiv 6

Motiv 7

Motiv 8

Motiv 9

Motiv 10

Motiv 11

Motiv 12

Motiv 13

Haftungsausschluss

Die Umsetzung aller enthaltenen Informationen, Anleitungen und Strategien dieses Werkes erfolgt auf eigenes Risiko. Für etwaige Schäden jeglicher Art kann der Autor aus keinem Rechtsgrund eine Haftung übernehmen. Für Schäden materieller oder ideeller Art, die durch die Nutzung oder Nichtnutzung der Informationen bzw. durch die Nutzung fehlerhafter und/oder unvollständiger Infor- mationen verursacht wurden, sind Haftungsansprüche gegen den Autor grundsätzlich ausgeschlossen. Ausge- schlossen sind daher auch jegliche Rechts- und Scha- densersatzansprüche. Dieses Werk wurde mit größter Sorgfalt nach bestem Wissen und Gewissen erarbeitet und niedergeschrieben. Für die Aktualität, Vollständig- keit und Qualität der Informationen übernimmt der Au- tor jedoch keinerlei Gewähr. Auch können Druckfehler und Falschinformationen nicht vollständig ausgeschlos- sen werden. Für fehlerhafte Angaben vom Autor kann keine juristische Verantwortung sowie Haftung in irgend- einer Form übernommen werden.

Urheberrecht

Alle Inhalte dieses Werkes sowie Informationen, Strategien und Tipps sind urheberrechtlich geschützt. Alle Rechte sind vorbehalten. Jeglicher Nachdruck oder jegli- che Reproduktion – auch nur auszugsweise – in irgend- einer Form wie Fotokopie oder ähnlichen Verfahren, Ein- speicherung, Verarbeitung, Vervielfältigung und Verbrei- tung mit Hilfe von elektronischen Systemen jeglicher Art (gesamt oder nur auszugsweise) ist ohne ausdrückliche schriftliche Genehmigung des Autors strengstens unter- sagt. Alle Übersetzungsrechte vorbehalten. Die Inhalte dürfen keinesfalls veröffentlicht werden. Bei Missach- tung behält sich der Autor rechtliche Schritte vor.

Impressum
Autor: Lidia Lins
vertreten durch:
Publishing today LLC 4300 Ridgecrest Dr SE Suite L #897
Rio Rancho
NM 87124
Alle Rechte vorbehalten Nachdruck, auch in Auszügen, nicht gestattet
Kein Teil dieses Werkes darf ohne schriftliche Genehmigung des Autors in irgendeiner Form reproduziert, vervielfältigt oder verbreitet werden.

Printed in Germany
by Amazon Distribution
GmbH, Leipzig

32711350R10061